2284
2D2539

CONVERSATION

De Mr. l'Intendant Des Menus,
avec Mr. l'Abbé * *

IL y a quelque temps qu'un Jurisconsulte, de l'ordre des Avocats, ayant été consulté par une personne de l'ordre des Comédiens, pour savoir à quel point on doit flétrir ceux qui ont une belle voix, des gestes nobles, du sentiment, du goût, & tous les talens nécessaires pour parler en public.

L'Avocat examina l'affaire dans l'ordre des Loix.

L'ordre des Convulsionnaires ayant déféré cet ouvrage à la Grand'Chambre siégeante à Paris ; elle a décerné un ordre de brûler la Consultation, comme un Mandement, ou comme un Livre de J..... Je me flatte qu'elle fera le même honneur à la petite Conversation de Mr. l'Intendant des Menus, & de Mr. l'Abbé ... Je fus présent à cette Conversation : je l'ai fidèlement recueillie ; & en voici un petit Précis que chaque Lecteur de l'ordre de ceux qui ont le sens commun, peut étendre à son gré.

Je suppose, disait l'Intendant Des Me-

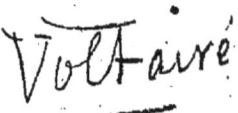

nus, à l'Abbé ......, que nous n'eussions jamais entendu parler de Comédie avant Louis XIV. Je suppose que ce Prince eût ██████ emier qui eût donné des Specta- ██████ l eût fait composer Cinna, Atha- ██████ le Misanthrope, qu'il les eût fait re██████ter par des Seigneurs & des Dames, devant tous les Ambassadeurs de l'Europe; je demande s'il serait tombé dans l'esprit d'un seul Curé, ou d'un seul Habitué, ou d'un seul Moine, d'excommunier ces Seigneurs, & ces Dames, & Louis XIV. lui-même, de leur refuser le Sacrement de Mariage & la Sépulture ? Non sans doute, dit l'Abbé ...... Une si absurde impertinence n'aurait passé par la tête de personne. Je vais plus loin, dit l'Intendant Des Menus. Quand Louis XIV. & toute sa Cour dansèrent sur le Théâtre; quand Louis XV. dansa avec tant de jeunes Seigneurs de son âge dans la Salle des Thuilleries, pensez-vous qu'ils ayent été excommuniés? Vous vous moqué de moi, dit l'Abbé ...... : nous sommes bien bêtes, je l'avoue; mais nous ne le sommes pas assez pour imaginer une telle sottise. Mais, dit l'Intendant, vous avez du moins excommunié le pieux Abbé d'Aubignac, le Père le Bossu, Supérieur de Sainte Geneviève, le Père Rapin, l'Abbé Gravina, le Père Brumoy, Madame Dacier, tous ceux qui ont, d'après Aristote, enseigné l'art de la Tragédie & de l'Epopée? On n'est pas encore tombé dans cet excès de barbarie, répartit l'Abbé......: il est vrai que l'Abbé de la Coste, Mr. de la Solle, & l'Auteur des Nouvelles Ecclésiastiques, prétendent que la déclamation, la musique & la danse sont un péché mortel; que Louis XIV. & Louis XV. n'ont point dansé pour de l'argent; que l'Impératrice n'a jamais chanté qu'en présence de quelques Personnes de sa Cour; & qu'on ne se donne le plaisir d'excommunier que ceux qui gagnent quelque chose à parler, ou à chanter, ou à danser en public.

Il est donc clair, dit l'Intendant, que s'il y avait eu un impôt sous le nom de Menus Plaisirs du Roi, & que cet impôt eut servi à payer les frais des Spectacles de Sa Majesté, le Roi encourrait la peine de l'excommunication, selon le bon plaisir de tout Prêtre qui voudrait lancer la foudre sur la tête de Sa Majesté Très-Chrétienne.

Vous nous embarrassez beaucoup, dit l'Abbé......

Je veux vous pousser, dit le Menu; non-seulement Louis XIV. mais le Cardinal Mazarin, le Cardinal Richelieu, l'Archevêque Trissino, le Pape Léon X. dépensèrent beaucoup à faire jouer des

*ji

Tragédies, des Comédies & des Opéra. Les Peuples contribuèrent à ces dépenses: je ne trouve pourtant pas dans l'Histoire de l'Eglise, qu'aucun Vicaire de St. Sulpice ait excommunié pour cela le Pape Léon X. & ces Cardinaux.

Pourquoi donc Mademoiselle le Couvreur a-t-elle été portée dans un Fiacre, au coin de la rue de Bourgogne ? Pourquoi le Sr. Romagnesi, Acteur de notre Troupe Italienne, a-t-il été inhumé dans un grand chemin, comme un ancien Romain ? Pourquoi une Actrice des Chœurs Discordans de l'Académie Royale de Musique a-t-elle été trois jours dans sa cave ? Pourquoi toutes ces Personnes sont-elles brûlées à petit feu, sans avoir de corps, jusqu'au jour du jugement dernier, & brûlées à tout jamais après ce jugement, quand elles auront retrouvé leurs corps ? C'est uniquement, dites-vous, parce qu'on paye vingt sous au Parterre.

Cependant, ces vingt sous ne changent point l'espèce: les choses ne sont ni meilleures, ni pires, soit qu'on les paye, soit qu'on les ait gratis. Un *Deprofundis* tire également une ame du Purgatoire, soit qu'il soit chanté pour dix écus en musique, soit qu'on vous le donne en faux-bourdon pour douze francs, soit qu'on vous le psalmodie par charité. Donc Cinna &

Athalie ne font pas plus diaboliques quand ils font repréfentés pour vingt fous, que quand le Roi veut bien en gratifier fa Cour. Or fi on n'a pas excommunié Louis XIV. quand il danfa pour fon plaifir, ni l'Impératrice quand elle a joué un Opéra, il ne paraît pas jufte qu'on excommunie ceux qui donnent ce plaifir pour quelque argent, avec la permiffion du Roi de France ou de l'Impératrice.

L'Abbé . . . . . . fentit la force de cet argument; il répondit ainfi : Il y a des tempéramens : tout dépend fagement de la volonté arbitraire d'un Curé ou d'un Vicaire. Nous fommes affez heureux & affez fages, pour n'avoir en France aucune règle certaine. On n'ofa pas enterrer l'illuftre & inimitable Moliére dans la Paroiffe St. Euftache; mais il eût le bonheur d'être porté dans la Chapelle de St. Jofeph, felon notre bonne & faine coûtume de faire des Charniers de nos Temples. Il eft vrai que faint Euftache eft un fi grand Saint, qu'il n'y avait pas moyen de faire porter chez lui, par quatre Habitués, le corps de l'infâme Auteur du Mifantrope. Mais enfin, S. Jofeph eft une confolation; c'eft toujours de la terre fainte : il y a une prodigieufe différence entre la terre fainte & la profane; la premiere eft incomparablement plus légere; & puis, tant vaut l'homme, tant vaut sa terre. Celle où est Molière, y a gagné de la réputation. Or cet homme ayant été inhumé dans une Chapelle, ne peut être damné, comme Mademoiselle le Couvreur, & Romagnesi, qui sont sur les chemins. Peut-être Molière est-il en Purgatoire pour avoir fait le Tartuffe ; je n'en voudrais pas jurer. Mais je suis sûr du salut de Jean-Baptiste Lulli, Violon de Mademoiselle, Musicien du Roi, Surintendant de la Musique du Roi, qui joua dans Carizelli & dans Pourceaugnac, & qui, de plus, était Florentin ; celui-là est monté au Ciel comme j'y monterai : cela est clair, car il a un beau Tombeau de marbre à St. Eustache. Il n'a pas taté de la voirie ; il n'y a qu'heur & malheur en ce monde. C'est ainsi que raisonna Mr. l'Abbé ...... & c'est puissamment raisonner.

L'Intendant Des Menus, qui sait l'Histoire, lui répliqua ; vous avez entendu parler du R. P. G..... ; il était Sorcier ; cela est de fait. Il est avéré qu'il ensorcela la C** en lui donnant le fouet tout doucement. De plus, il souffla sur elle, comme font tous les Sorciers. Le P. G..... fut déclaré Magicien. Cependant il fut enterré en terre sainte. Dites-moi pourquoi un homme, qui est à la fois J. & Sorcier, a pourtant, malgré ces deux titres, les honneurs de la sépulture, & que Mademoiselle Clairon ne les aurait pas, si elle avait le malheur de mourir immédiatement après avoir joué Pauline, laquelle Pauline ne sort du Théâtre que pour s'aller faire baptiser ?

Je vous ai déjà dit, répondit l'Abbé.....: que cela est arbitraire. J'enterrerais de tout mon cœur Mademoiselle Clairon, s'il y avait un gros honoraire à gagner; mais il se peut qu'il se trouve un Curé qui fasse le difficile; alors on ne s'avisera pas de faire du fracas en sa faveur, & d'appeller comme d'abus au Parlement. Les acteurs de Sa Majesté, sont d'ordinaire des Citoyens, nés de familles pauvres: leurs parens n'ont ni assez d'argent, ni assez de crédit pour gagner un Procès; le Public ne s'en soucie gueres; il a jouit des talents de Mademoiselle le Couvreur, pendant sa vie, il la laissa traiter comme un chien, après sa mort, & ne fit qu'en rire.

L'exemple des sorciers est beaucoup plus sérieux. Il était certain autrefois qu'il y avait des sorciers; il est certain aujourd'hui qu'il n'y en a point, en dépit des Juges qui crurent le P. G..... si habile. Cependant, l'excommunication subsiste toûjours. Tant pis pour vous, si vous manquez de sorciers; nous n'irons pas changer nos usages, parce que le monde a changé: nous

* iv

sommes comme le Médecin de Pourceaugnac : il nous faut un Malade ; & nous le prenons où nous pouvons.

On excommunie aussi, dit-on, les sauterelles : il y en a ; & j'avoue qu'il est triste qu'on continue à les flétrir ; car elles s'en moquent. J'en ai vû des nuées en Picardie. Il est très-dangereux d'offenser de grandes compagnies, & d'exposer les foudres de l'Eglise au mépris des personnes puissantes ; mais pour trois ou quatre cens pauvres Comédiens répandus dans la France, il n'y a rien à craindre en les traitant comme les sauterelles, & comme ceux qui nouent l'éguillette.

Je vais vous dire quelque chose de plus fort, M. l'Intendant ; n'êtes-vous pas fils d'un Fermier Général ? Non, Monsieur, dit l'Intendant ; mon oncle avait cette place, mon père était Receveur Général des Finances, & tous deux étaient Sécrétaires du Roi, ainsi que mon grand-père. Eh bien ! repliqua l'Abbé ..... votre oncle, votre père & votre grand-père, sont excommuniés, anathématisés, damnés à tout jamais ; & quiconque en doute est un impie, un monstre, en un mot, un Philosophe.

L'Intendant des Menus à ce discours, ne sçut s'il devait rire, ou battre l'Abbé ...... Il prit le parti de rire. Je voudrais bien, Monsieur, dit-il à l'Abbé, que vous me montrassiez la Bulle ou le Concile qui damnent les Receveurs des Finances du Roi, & les Adjudicataires des ses cinq grosses Fermes Je vous montrerai vingt Conciles, dit l'Abbé ; je vous ferai voir plus ; je vous ferai lire que tout Receveur des deniers Royaux, est mis au rang des Payens, & vous apprendrez par les anciennes constitutions, qu'il ne leur était pas permis d'entrer dans l'Eglise aux premiers siecles. *Sicut Ethnicus* & *Publicanus*, est un passage assez connu : la Loi de l'Eglise a été invariable sur cet article ; l'anathême porté contre les Fermiers, contre les Receveurs des Doüanes, n'a jamais été révoqué ; & vous voulez qu'on révoque celui qui a été lancé contre les acteurs qui jouaient encore dans les premiers siècles l'Œdipe de Sophocle ; anathême qui subsiste contre ceux qui ne représentent plus l'Œdipe de Corneille. Commencez par tirer de l'enfer votre père, votre grand-père & votre oncle : & puis nous composerons avec la troupe de Sa Majesté.

Vous extravaguez, Mr......, dit l'Intendant ; mon père était Seigneur de Paroisse ; il est enterré dans sa chapelle : mon oncle lui fit faire un mausolée de marbre, aussi beau que celui de Lulli ; & si son Curé lui avoit jamais parlé de l'*Ethnicus*, & du

Publicanus, il l'aurait fait mettre dans un cul-de-basse-fosse. Je veux bien croire que S. Matthieu a damné les Employés des Fermes, après l'avoir été, qu'ils se tenaient à la porte de l'Eglise dans les premiers temps. Mais vous avouerez que personne aujourd'hui n'ose nous dire en face qu'ils sont damnés. Et s'ils sont excommuniés, c'est *incognitò*.

Justement, dit......, vous y êtes. On laisse l'*Ethnicus* & le *Publicanus* dans l'Evangile ; on n'ouvre point les anciens Rituels ; & on vit paisiblement avec les Fermiers Généraux, pourvû qu'ils donnent beaucoup d'argent quand ils rendent le Pain béni.

M. l'Intendant s'appaisa un peu ; mais il ne pouvait digérer l'*Ethnicus* & le *Publicanus*. Je vous prie, mon cher ......, dit-il, de m'apprendre pourquoi on a inféré cette satyre dans vos livres, & pourquoi on nous traitait si mal dans les premiers temps.

Cela est tout simple, dit l'Abbé : ceux qui prononçaient cette excommunication, étaient de pauvres gens, dont les trois quarts étaient Juifs, parmi lesquels il se mêla un quart de pauvres Grecs. Les Romains étaient leurs maîtres ; les Receveurs des Tributs étaient ou Romains ou choisis par les Romains ; c'était un secret infaillible d'attirer à foi le petit Peuple, que d'anathématifer les commis de la Doüane; on hait toûjours des vainqueurs & des commis. La populace coûrait après des gens qui prêchaient l'égalité, & qui damnaient Meffieurs des Fermes. Criez au nom de Dieu contre les puiffances, & contre les impôts; vous aurez infailliblement la canaille pour vous, fi on vous laiffe faire; & quand vous aurez un affez grand nombre de canaille à vos ordres, alors, il fe trouvera des gens d'efprit qui lui mettront une felle fur le dos, un mors à la bouche, qui monteront deffus pour renverfer les Etats & les Trônes. Alors on bâtira un nouvel édifice, mais on confervera les premières pierres, quoique bruttes & informes, parce qu'elles ont fervi autrefois, & qu'elles font cheres aux Peuples; on les encaftrera proprement avec les nouveaux marbres, avec les pierreries & l'or qui feront prodigués; & il y aura même toûjours de vieux antiquaires, qui préfèreront les anciens cailloux aux marbres nouveaux.

C'eft là, Monfieur, l'hiftoire fuccinte de ce qui eft arrivé parmi nous; la France a été longtemps barbare; & aujourd'hui qu'elle commence à fe civilifer, il y a encore des gens attachés à l'ancienne barbarie. Nous avons, par exemple, un petit nombre de gens de bien qui voudraient priver les Fermiers Généraux de toutes leurs richesses, condamnées dans l'Evangile, & priver le Public d'un art aussi noble qu'innocent, que l'Evangile n'a jamais proscrit, & dont aucun Apôtre n'a jamais parlé. Mais la saine partie du Clergé, laisse les Financiers se damner en paix, & permet seulement qu'on excommunie les Comédiens pour la forme. J'entends, dit l'Intendant des Menus, vous ménagez les Financiers, parce qu'ils vous donnent à dîner, vous tombez sur les Comédiens qui ne vous en donnent pas. Mais, Monsieur, oubliez-vous que les Comédiens sont gagés par le Roi, & que vous ne pouvez pas excommunier un Officier du Roi faisant sa charge; donc, il ne vous est pas permis d'excommunier un Comédien du Roi, jouant Cinna & Polieucte par ordre du Roi.

Et où avez-vous pris, dit......, que nous ne pouvons excommunier un Officier du Roi? C'est apparemment dans vous libertés de l'Eglise Gallicane? Mais ne sçavez-vous pas que nous avons excommuniés les Rois eux-mêmes. Nous avons proscrits le grand Henri IV. & Henri III. & Louis XII. le père du Peuple, tandis qu'il convoquait un Concile à Pise, & Philippe le Bel, & Philippe Auguste, & Philippe I.

& le saint Roi Robert, quoiqu'il brûlât des hérétiques. Sçachez que nous sommes les maîtres d'anathématiser tous les Princes, & après cela vous irez vous lamenter de ce que nous tombons sur quelques Princes de théâtre.

L'Intendant des Menus, un peu fâché, lui coupa la parole, & lui dit: Monsieur, Excommuniez mes maîtres tant qu'il vous plaira; ils sçauront bien vous punir; mais songez que c'est moi qui porte aux Acteurs de Sa Majesté, l'ordre de venir se damner devant elle. S'ils sont hors du giron, je suis aussi hors du giron; s'ils péchent mortellement en faisant verser des larmes à des hommes vertueux dans des Pieces vertueuses, c'est moi qui les fait pécher : s'ils vont à tous les diables, c'est moi qui les y mène. Je reçois l'ordre des premiers Gentilshommes de la Chambre; ils sont plus coupables que moi : les Princes qui ordonnent qu'on les amuse, & qu'on les instruise, sont cent fois plus coupables encore. Si vous retranchez du corps de l'Eglise les Soldats, il est sûr que vous retranchez aussi les Officiers & les Généraux : vous ne vous tirerez jamais de là. Voyez, s'il vous plaît, à quel point vous êtes absurdes : vous souffrez que des Citoyens au service de Sa Majesté, soient jettés aux chiens, pendant que dans tous les autres pays, on les traite honnêtement pendant leur vie, & après leur mort.

L'Abbé répondit : Ne voyez-vous pas que c'est parce que nous sommes un peuple grave, sérieux, conséquent, supérieur en tout aux autres peuples ? La moitié de Paris est convulsionnaire ; il faut que ces gens-là en imposent à ces libertins qui se contentent d'obéir au Roi, qui ne contrôlent ni ses actions ni ses édits, qui aiment sa personne, qui lui payent avec allégresse de quoi soutenir la gloire de son Trône, qui après avoir satisfait à leur devoir, passent doucement leur vie à cultiver les Arts, qui respectent Sophocle & Euripide, & qui se damnent à vivre en honnêtes gens.

Ce monde-ci (il faut que j'en convienne) est un composé de fripons, de fanatiques & d'imbécilles, parmi lesquels il y a un petit troupeau séparé, qu'on appelle la bonne compagnie ; ce petit troupeau étant riche, bien élevé, instruit, poli, est comme la fleur du genre humain ; c'est pour lui que les plaisirs honnêtes sont faits ; c'est pour lui plaire que les plus grands hommes ont travaillé ; c'est lui qui donne la réputation : & pour vous dire tout, c'est lui qui nous méprise, en nous faisant politesse quand il nous rencontre. Nous tâchons tous de trouver accès auprès de ce petit nombre d'hommes choisis ; & depuis les

Jésuites jusqu'aux Capucins, depuis le Pere Quesnel jusqu'au maraud qui fait la Gazette Ecclésiastique, nous nous plions en mille manieres pour avoir quelque crédit sur ce petit nombre, dont nous ne pouvons jamais être. Si nous trouvons quelque Dame qui nous écoute, nous lui persuadons qu'il est essentiel, pour aller au Ciel, d'avoir les joues pâles, & que la couleur rouge déplaît mortellement aux Saints du Paradis. La Dame quitte le rouge, & nous tirons de l'argent d'elle.

Nous aimons à prêcher, parce qu'on loue les chaises ; mais comment voulez-vous que les honnêtes gens écoutent un ennuyeux discours, divisé en trois points, quand il a l'esprit rempli des beaux morceaux de Cinna, de Polieucte, des Horaces, de Pompée, de Phèdre & d'Athalie. C'est-là ce qui nous désespere.

Nous entrons chez une Dame de qualité, nous demandons ce qu'on pense du dernier Sermon du Prédicateur de Saint Roch : le fils de la maison nous répond par une tirade de Corneille. Avez-vous lû l'œuvre des six jours ? disons-nous. On nous réplique qu'il y a une Tragédie nouvelle. Enfin, le tems approche où nous ne gouvernerons plus que les gens de la Halle. Cela donne de l'humeur, & alors on tombe sur qui on peut.

Il n'en est pas ainsi à Rome, & dans les autres Etats de l'Europe. Quand on a chanté à S. Jean de Latran, ou à S. Pierre, une belle Messe à grands chœurs à quatre parties, & que vingt châtrés ont fredonné un Motet, tout est dit : on va prendre le soir du chocolat à l'Opéra de S. Ambroise ; & personne ne s'avise d'y trouver à redire. On se garde bien d'excommunier la Signora Cuzzoni, la Signora Faustina, la Signora Barbarini, encore moins le Signor Farinelli, Chevalier de Calatrava, & Acteur de l'Opéra, qui a des diamans gros comme mon pouce.

Les gens qui sont les maîtres chez eux, ne sont jamais persécuteurs. Il n'y a de méchans que les petits qui cherchent à être les maîtres. Il n'y a que ceux-là qui persécutent pour se donner de la considération. Le Pape est assez puissant en Italie, pour n'avoir pas besoin d'excommunier d'honnêtes gens qui ont des talens estimables ; mais il est des animaux dans Paris, aux cheveux plats, & à l'esprit de même, qui sont dans la nécessité de se faire valoir. S'ils ne cabalent pas, s'ils ne prêchent pas le rigorisme, s'ils ne crient pas contre les Beaux-Arts, ils se trouvent anéantis dans la foule. Les passans ne regardent les chiens que quand ils aboyent, & on veut être regardé. Tout est jalousie de métier dans ce monde. Je vous dis notre secret ; ne me décélez pas, & faites-moi le plaisir de me donner une loge grillée à la premiere Tragédie de M. Collardeau.

Je vous le promets, dit l'Intendant des Menus ; mais achevez de me révéler vos mysteres. Pourquoi, de tous ceux à qui j'ai parlé de cette affaire, n'y en a-t-il pas un qui ne convienne que l'excommunication contre une Société gagée par le Roi, est le comble du scandale ? Et pourquoi, en même-tems, personne ne travaille-t-il à lever ce scandale ?

Je crois vous avoir déjà répondu, dit *......, en vous avouant que tout est contradiction chez nous. La France, à parler sérieusement, est le Royaume de l'esprit & de la sottise, de l'industrie & de la paresse, de la philosophie & du fanatisme, de la gayeté & du pédantisme, des loix & des abus, du bon goût & de l'impertinence. La contradiction ridicule de la gloire de Cinna, & de l'infamie de ceux qui représentent Cinna ; le droit qu'ont les Evêques d'avoir un banc particulier aux représentations de Cinna, & le droit d'anathématiser les Acteurs, l'Auteur, & les Spectateurs, sont assurément une incompatibilité digne de la folie de ce peuple : mais trouvez-moi dans le monde un établissement qui ne soit pas contradictoire.

Dites-moi pourquoi les Apôtres ayant tous été circoncis, les quinze premiers Evêques de Jérusalem ayant été circoncis, vous n'êtes pas circoncis ? Pourquoi la défense de manger du boudin n'ayant jamais été levée, vous mangez impunément du boudin ; pourquoi les Apôtres ayant gagné leur pain à travailler de leurs mains, leurs successeurs regorgent de richesses & d'honneurs ? Pourquoi a-t-on excommunié, anathématisé pendant des siécles, ceux qui disaient que le S. Esprit procede du Pere & du Fils, & pourquoi damne-t-on aujourd'hui ceux qui pensent le contraire ?

Pourquoi est-il expressément défendu dans l'Evangile de se remarier, quand on a fait casser son mariage, & que nous permettons qu'on se remarie ? Dites-moi comment le même mariage est annullé à Paris, & subsiste à Avignon ?

Et pour vous parler du Théâtre que vous aimez, expliquez-nous comment vous applaudissez à la brutale & factieuse insolence de Joad, qui fait couper la tête à Athalie, parce qu'elle voulait élever le petit Joas chez elle, tandis que si un Prêtre osait parmi nous attenter quelque chose de semblable contre les personnes du sang Royal, il n'y a pas un Citoyen parmi nous, excepté peut être quelques J......, qui ne le condamnât au dernier supplice?

N'est-ce pas une plaisante contradiction de se faire petit-à-petit cent mille écus de rente, précisément parce qu'on a fait vœu de pauvreté?

N'est-ce pas de toutes les contradictions la plus impertinente, d'être d'une profession, & de laisser là sa profession; d'avoir fait serment de servir le public, & de dire au public : nous nous tenons les bras croisés; nous renonçons à vous servir, pour vous être utiles? Que dirait-on des Chirurgiens de nos armées, s'ils refusaient de panser les blessés pour soutenir l'honneur de l'ordre des Chirurgiens?

Parcourez nos loix, nos coûtumes, nos usages, tout est également contradictoire.

Vous avez raison, dit l'Intendant des Menus; je vois clairement que nous sommes encore très-loin d'être nettoyés de l'ancienne rouille de la barbarie. Laissons paisiblement subsister les vieilles sottises qui menacent ruine; elles tomberont d'elles-mêmes, & nos petits-enfans nous traiteront de bonnes gens, comme nous traitons nos pères d'imbécilles. Laissons les Tartuffes crier encore quelques années; & demain, je vous mène à la Comédie du Tartuffe.

Après cette conversation arrivèrent deux

petits pédans à l'air empesé, à la marche grave, à la tête large & creuse, tout bouffis d'orgueil & de formalités ; fous sérieux, qui font des sottises de sang-froid ; gens qui n'ont jamais lû ni Cicéron, ni Démosthène, ni Sophocle, ni Euripide, ni Térence ; mais qui se croyent fort supérieurs à eux.

Nous dinâmes. On parla de la gloire de la France ; & de sa prééminence sur les autres Nations, & nous cherchâmes en quoi consistait cette supériorité. J'osai prendre alors la parole, & je dis : cette supériorité ne consiste pas dans nos loix. Car, à proprement parler, nous n'avons pû encore en avoir de fixes depuis quatorze cens ans. Nous n'avons que des coutumes très-contestées : ces coutumes changent de ville en ville, ainsi que les poids & les mesures : & une Nation chez laquelle, ce qui est juste vers la Seine, est injuste vers le Rhône, ne peut gueres se glorifier de ses loix.

Est-ce par nos découvertes que nous l'emportons sur les autres peuples ? Hélas ! c'est un Pilote Génois qui a découvert le nouveau monde : c'est un Allemand qui a inventé l'Imprimerie : c'est un Italien à qui nous devons les lunettes : un Hollandais a inventé les pendules : un Italien a trouvé la pésanteur de l'air : un Anglais a découvert les loix de la nature; & nous n'avons inventé que les Convulsions.

Brillons-nous par la Marine, par le Commerce, par l'Agriculture ? Plût-à-Dieu ! Il faut espérer que nous profiterons quelque jour de l'exemple de nos voisins.

Trouvez-moi un Art, un seul Art, une seule Science dans laquelle nous n'ayons pas des maîtres chez les Nations Etrangères ! Avons-nous pû seulement traduire en vers les Poëtes Grecs & Latins, que les Anglais & les Italiens ont si heureusement traduits ?

Les convives se regardèrent, ils conclurent que nous sommes médiocres presque en tout genre, & que ce n'est que dans l'Art Dramatique que nous l'emportons sur toutes les Nations du monde, de l'aveu de ces Nations mêmes. Eh bien, dis-je alors aux deux pédants, le seul Art qui vous distingue est donc le seul Art que vous voulez avilir ! Ils rougirent, ce qui leur arrive rarement.

Ils n'étaient pas encore partis, quand l'Auteur de la Tragédie de Varon arriva chez l'Intendant des Menus. C'est un homme d'une ancienne noblesse, un brave Officier couvert de blessures; la famille Royale avait redemandé sa pièce : les premiers Gentilshommes de la Chambre avaient ordonné qu'on la jouât; & il venait pour prendre quelques arrangemens. Il trouva sur la cheminée le Discours de Maître Etienne Le D... prononcé du côté du Greffe, & il tomba sur ces mots: *Si l'Auteur & l'Acteur sont infâmes dans l'ordre des Loix, &c.*

Comment! morbleu, dit-il, l'Auteur d'une Tragédie, un homme infâme! Le Cardinal de Richelieu, infâme! Moi, infâme! Corneille, né Gentilhomme, infâme! Où est le fat qui a dit cette sottise? Je veux le voir l'épée à la main. Monsieur, lui dis-je, c'est un vieil Avocat, nommé Maître Le D..., auquel il faut pardonner.

Maître Le D..., ... où est-il? Que je lui coupe le nez & les deux oreilles. Quel est donc ce Maître le D...? Il appartient bien à un vil Praticien, à un suppôt de la chicane, à un roturier que je paye, d'oser traiter d'infâmes des gens de qualité qui cultivent un Art respectable. Où a-t-il pris que je suis déclaré infâme dans l'ordre des Loix!

Ne vous emportez pas, M. ce pauvre homme est un imbécille. C'est Maître Abraham Chaumeix, & Maître Gauchat qui ont fait son Discours prononcé du côté du Greffe; il est Bâ...., il n'a pas rempli *le vœu de l'ordre des Avocats*, comme il le dit : la plus saine partie des Avocats s'est moqué de lui.

Bâ...., dit l'Officier, ah! ah! je le traiterai suivant toute l'étendue de sa charge. Voilà un plaisant animal, avec le vœu de son Ordre! Il s'emporta long-temps, nous lui dîmes, pour l'appaiser, que quand un Corps pousse le fanatisme aussi loin, il perd bientôt tout son crédit; que ceux qui abusent du malheur des temps pour faire un parti, finissent par être écrasés, & qu'on perd toutes les prérogatives de son état, pour avoir voulu s'élever au-dessus de son état.

Je me moque, reprit ce Gentilhomme, de toutes leurs sottises. J'assommerai le premier qui m'appellera infâme. Je n'entends point raillerie; Maître Le D... & Consors auront à faire à moi. Un des deux graves personnages qui avait dîné avec nous, lui dit: Monsieur, les voies de fait sont défendues.

N. B. Je rendrai compte incessamment de la suite de cette avanture. En attendant je supplie instamment Maître Le D... & Consors de vouloir bien me faire l'amitié de déférer cette conversation comme manifestement contraire aux sentimens du feu Curé de S. Médard & de celui de S. Leu, & comme tendante insidieusement à renouveller les anciennes opinions de Cicéron, qui aimait tant

(xxiv)

Roscius, de César, & d'Auguste qui faisaient des Tragédies ; de Scipion qui travaillait aux Piéces de Térence ; de Périclès qui fit bâtir ce beau Théâtre d'Athènes ; & d'autres impies & bélitres de l'antiquité morts sans Sacremens, comme dit le Révérend Père Garasse.

Je me flatte que Maître le D..., Maître Braillardet, Maître Grifonier, Maître Phrazier, assistez de Maître Abraham Chaumeix, feront brûler incessamment les Œuvres de Corneille par la main du Bourreau, au bas de l'escalier du May, s'il fait beau temps ; & sur le Perron d'en haut, si nous avons de la pluye.

N. B. Si Monsieur l'Exécuteur des hautes œuvres avait pour ses honoraires un exemplaire de chaque Livre qu'il a brûlé, il aurait vraiment une jolie Bibliothèque.

Fait à Paris par moi George Avenger, 20 Mai 1761.

www.ingramcontent.com/pod-product-compliance
Lightning Source LLC
Chambersburg PA
CBHW060623050426
42451CB00012B/2403